Contents

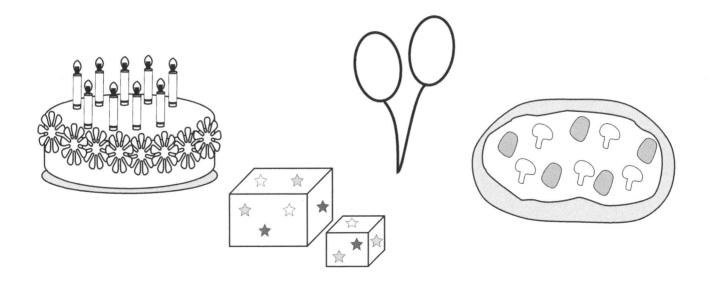

La fruta

una manzana

una naranja

un limón

una pera

una fresa

un plátano

un melón

¿Qué fruta es? (What fruit is it?)

Escribe la fruta en español. (Write the fruit in Spanish:)

1)

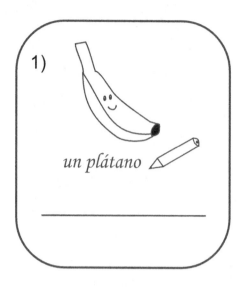

un plátano

_____

2)

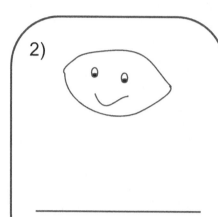

_____

3)

_____

4)

_____

5)

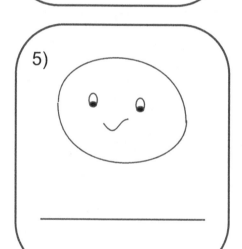

_____

6)

_____

7)

_____

una pera - a pear   un limón - a lemon
una fresa - a strawberry   un melón - a melon
una naranja - an orange   un plátano - a banana
una manzana - an apple

Notice: some words start with **un** and some words start with **una**. They both mean "a".
In Spanish there are masculine (boy) words and feminine (girl) words. We use un for the masculine words and una for the feminine words.

¿Cuántos hay? (How many are there?)

1 - uno	6 - seis
2 - dos	7 - siete
3 - tres	8 - ocho
4 - cuatro	9 - nueve
5 - cinco	10 - diez

Dibuja la cantidad adecuada de cada fruta:
(Draw the correct quantity of each fruit:)

a)

tres manzanas

b)

cinco naranjas

c)

cuatro plátanos

d)

ocho fresas

e)

dos melones

f)

seis limones

 Notice how when there is more than one, **s** is added to the words ending in either **o** or **a**, and **es** is added to the words ending in **ón** and the accent is lost on the o.

3

Comprando fruta (Buying fruit)

Imagina que quieres comprar fruta. (Imagine you want to buy fruit.)

Pregunta por estas cosas: (Ask for these things :)

Remember **por favor** means please.

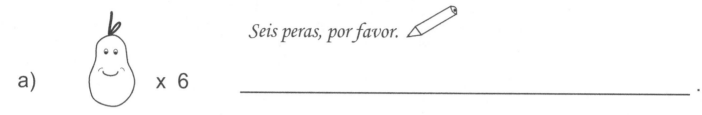

Seis peras, por favor.

a) x 6 _____ .

b) x 10 _____ .

c) x 4 _____ .

d) x 5 _____ .

e) x 7 _____ .

f) x 2 _____ .

g) x 3 _____ .

| dos limones | tres melones | cuatro naranjas | cinco manzanas |
| seis peras | siete plátanos | diez fresas | |

4

¿Te gustan las fresas?
(Do you like strawberries?)

Write the fruit you like in the box entitled **Me gustan** (I like).
If there are any fruit you don't like write them in the box
entitled **No me gustan** (I don't like):

los plátanos

las fresas

las naranjas

los melones

las peras

las manzanas

los limones

Me gustan (I like) ♥	No me gustan (I don't like)

 Note: after **Me gustan** or **No me gustan** we say the fruit
in the plural (more than one).

La fruta

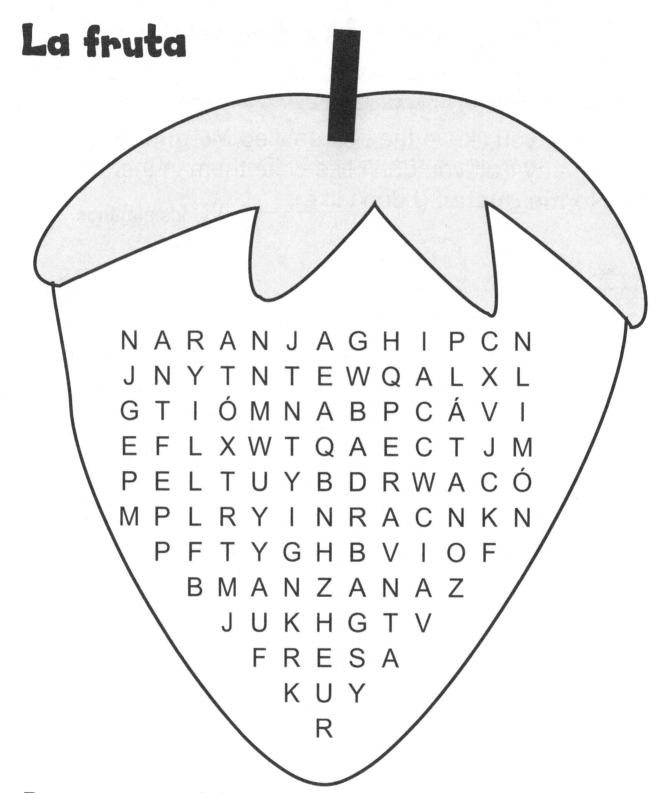

```
N A R A N J A G H I P C N
J N Y T N T E W Q A L X L
G T I Ó M N A B P C Á V I
E F L X W T Q A E C T J M
P E L T U Y B D R W A C Ó
M P L R Y I N R A C N K N
  P F T Y G H B V I O F
  B M A N Z A N A Z
  J U K H G T V
    F R E S A
    K U Y
    R
```

Busca estas palabras: (Look for these words:)

PERA	MANZANA	LIMÓN
FRESA	NARANJA	MELÓN
FRUTA	PLÁTANO	

6

Mi cumpleaños (My birthday)

la tarta

los globos

Feliz cumpleaños

Feliz cumpleaños

las tarjetas

los regalos

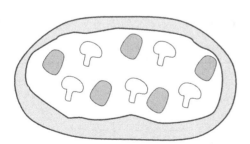

la pizza

la coca-cola

Copia las palabras y los dibujos: (Copy the words and the pictures:)

la coca-cola

la coca-cola ✏

la pizza

la tarta

las tarjetas

los regalos

los globos

¿Cuántos años tienes? How old are you?

7

6

Tengo siete años.
(I am 7 years old.)

Tengo seis años.
I am 6 years old.

Completa las frases: (Complete the sentences:)

a) 9

Tengo _____ años. *nueve*

b) 10

Tengo _____ años.

c) 8

Tengo _____ años.

d) 7

Tengo _____ años.

7 - siete   8 - ocho   9 - nueve   10 - diez

¿Cuántos años tienes? How old are you?

Tengo _____ años   I am _____ years old

Mira las edades en las tartas. (Look at the ages on the cakes)

Escribe las frases: (Write the sentences)

7 - siete
8 - ocho
9 - nueve
10 - diez
11 - once
12 - doce

a) **7**   *Tengo siete años.*

b) **9**   _____ .

c) **10**   _____ .

d) **8**   _____ .

e) **11**   _____ .

f) **12**   _____ .

Mi cumpleaños (My birthday)

```
      U M I O V B
    C O C A C O L A
  J K G V A F T S D M
K L N U Z Y F O G H Y I
T J H Z G F L Y F Y F B
A U I K U A G F D G X C
R P R E G D S O J L K N
J D F E G T G D V O D S
E U R T F N F B D B Y F
T P I O E G F H J O U T
A M K T H X T F D S G T
S I K L H G F B J U G F
  C U M P L E A Ñ O S
    I K H G F T H K L P
      B T A R T A M
```

Busca estas palabras:
(Look for these words:)

GLOBOS	CUMPLEAÑOS
REGALOS	COCA-COLA
TARJETAS	TARTA
PIZZA	TENGO

11

Los meses del año (The months of the year)

 enero (January)

 febrero

 marzo

 abril

 mayo

 junio

 julio

 agosto

 septiembre

 octubre

 noviembre

 diciembre

¿Qué mes es? (What month is it?)

Ordena las letras y escribe el mes en español:
(Rearrange the letters and write the month in Spanish:)

enero
febrero
marzo
abril
mayo
junio
julio
agosto
septiembre
octubre
noviembre
diciembre

1)
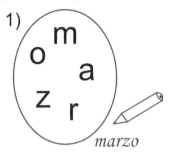
marzo

_____

2)

_____

3)
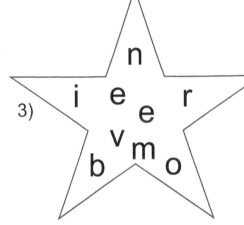

_____

4)

_____

5)
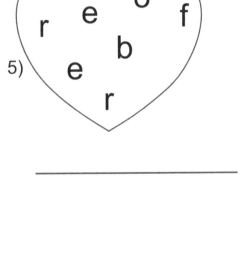

_____

6)
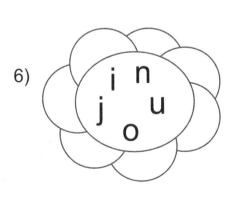

_____

7)

_____

13

¿Qué mes es? (What month is it?)

Dibuja una línea entre la palabra española y el dibujo correcto:
(Draw a line between the Spanish word and the correct picture:)

mayo

diciembre

octubre

febrero

noviembre

agosto

septiembre

14

¿Cuándo es tu cumpleaños?

(When is your birthday?)

Me llamo .... My name is ....
Mi cumpleaños es en ..... My birthday is in ....
Tengo .... años I am .... years old

Lee las cartas: (Read the letters:)

Hola,

Me llamo Ana.
Tengo diez años.
Mi cumpleaños
es en abril.

¡Hasta luego!

Ana

Hola,

Me llamo Pedro.
Tengo once años.
Mi cumpleaños
es en agosto.

¡Hasta luego!

Pedro

Hola,

Me llamo Eva.
Tengo ocho años.
Mi cumpleaños
es en enero.

¡Hasta luego!

Eva

Responde a las preguntas:
(Answer the questions:)

Pedro

1) Who has a birthday in August? _____

2) Who has a birthday in April? _____

3) Who has a birthday in January? _____

4) Who is eight years old? _____

5) Who is ten years old? _____

6) Who is eleven years old? _____

Los meses (months)

Busca las palabras: (Find the words:)

ENERO   FEBRERO   MARZO   ABRIL   MAYO   JUNIO

S	E	P	T	I	E	M	B	R	E	N	Y	F	G	V
W	Q	J	L	P	V	X	F	R	S	A	Z	E	B	N
M	Y	D	I	C	I	E	M	B	R	E	F	B	G	O
A	R	H	J	O	C	V	X	F	O	D	Z	R	C	V
Y	P	L	R	N	H	G	F	Z	C	D	T	E	C	I
O	P	E	L	J	L	K	R	N	J	M	J	R	B	E
I	N	Y	F	I	G	A	C	X	U	N	M	O	Y	M
E	J	F	R	V	M	H	R	T	N	X	C	V	F	B
P	L	B	T	H	V	F	H	J	I	Y	F	B	O	R
L	A	K	H	G	V	N	U	T	O	F	D	I	B	E
O	L	H	A	G	O	S	T	O	B	G	L	F	D	M
I	Q	B	H	G	P	E	W	B	H	U	F	D	C	D
O	C	T	U	B	R	E	Y	M	J	G	H	F	D	R

JULIO   AGOSTO   SEPTIEMBRE   OCTUBRE   NOVIEMBRE   DICIEMBRE

16

diecinueve

veinte

diecisiete

dieciséis

dieciocho

trece

catorce

quince

once

doce

Los números 15 - 20

Escribe el número en español
debajo de cada flor:
(Write the number in Spanish under each flower:)

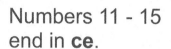

Numbers 11 - 15
end in **ce**.

This is pronounced
as **"thay"**.

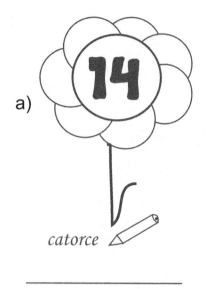

a)

catorce

_____

b)

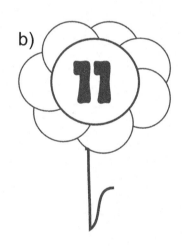

_____

c)

_____

d)

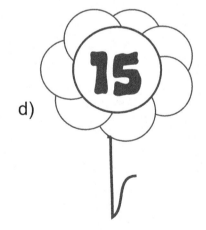

_____

e)

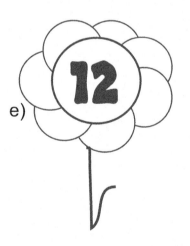

_____

11 = once   12 = doce   13 = trece   14 = catorce   15 = quince

Los numéros 16 - 20

Copia los números en español:
(Copy the Spanish numbers:)

Numbers 16 - 19
start with **dieci**

16 dieciséis

dieciséis

_____

17 diecisiete

_____

18 dieciocho

_____

19 diecinueve

_____

20 veinte

_____

¿Cuánto cuesta? (How much does it cost?)

In Spain, they use **euros** as currency instead of pounds or dollars.
The euro sign looks like this: €

How much do the following things cost? Write the number in Spanish:

a)

once

_____ euros

b)
€ 13

_____ euros

c)
€ 18

_____ euros

d)
€ 20

_____ euros

e)
€ 12

_____ euros

f)
€ 17

_____ euros

11	**12**	**13**	**14**	**15**	**16**	**17**	**18**	**19**	**20**
once	doce	trece	catorce	quince	dieciséis	diecisiete	dieciocho	diecinueve	veinte

¿Qué color es? (What colour is it?)

Colorea las camisetas con el color adecuado:
(Colour the t-shirts in the correct colour:)

El número doce es verde

El número veinte es azul

El número once es amarillo

El número catorce es rojo

El número dieciséis es amarillo

El número dieciocho es rojo

El número quince es azul

El número diecisiete es verde

rojo - red   azul - blue   verde - green   amarillo - yellow

11	12	13	14	15	16	17	18	19	20
once	doce	trece	catorce	quince	dieciséis	diecisiete	dieciocho	diecinueve	veinte

21

Las matemáticas (maths)

Haz los cálculos: (Do the calculations:)

ocho

a) veinte - doce = _____

b) diecisiete - tres = _____

c) trece - dos = _____

d) dieciocho - seis = _____

e)diecinueve - uno = _____

f) once + dos = _____

g) dieciséis + tres = _____

h) doce + cuatro = _____

i) seis + nueve = _____

j) trece + siete = _____

1 - uno	
2 - dos	
3 - tres	
4 - cuatro	
5 - cinco	
6 - seis	
7 - siete	
8 - ocho	
9 - nueve	
10 - diez	
11 - once	
12 - doce	
13 - trece	
14 - catorce	
15 - quince	
16 - dieciséis	
17 - diecisiete	
18 - dieciocho	
19 - diecinueve	
20 - veinte	

Los números 11 - 20

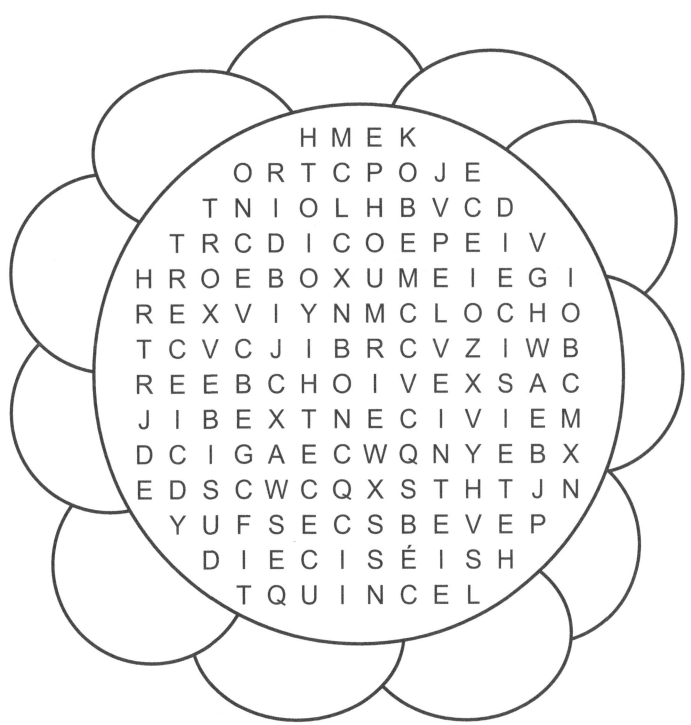

Busca estas palabras:

ONCE   CATORCE   DIECISIETE   VEINTE

DOCE   QUINCE   DIECIOCHO

TRECE   DIECISÉIS   DIECINUEVE

un libro

un cuaderno

un estuche

un bolígrafo

un lápiz

una goma

un sacapuntas

una regla

¿Qué es? (What is it?)

Copia las palabras y los dibujos: (Copy the words and the pictures:)

un lápiz

un lápiz

una goma

una regla

un bolígrafo

un estuche

un sacapuntas

¿Qué tienes? (What do you have?)

Tengo - I have   No tengo - I don't have

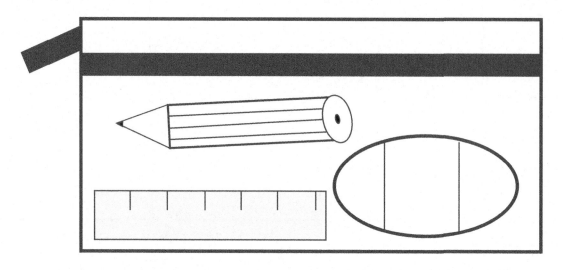

Mira el dibujo y Lee las frases.   ¿Es verdad o mentira?
(Look at the picture and read the sentences.   Is it true or false?)

1) Tengo un estuche.   *verdad* _____

2) Tengo una goma.   _____

3) No tengo un bolígrafo.   _____

4) No tengo una regla.   _____

5) Tengo un sacapuntas.   _____

6) Tengo un lápiz.   _____

verdad
- true

mentira
- false

un lápiz - a pencil   un estuche - a pencil case   una goma - a rubber

un bolígrafo - a pen   un sacapuntas - a sharpener   una regla - a ruler

En las tiendas (In the shops)

Me gustaría ………. , por favor   I would like ……., please

Pregunta por estas cosas: (Ask for these things:)

Me   *gustaría*   *un*   *lápiz,*

_____   _____   _____   _____

por   *favor.*

_____   _____ .

Me   gustaría

___   _____   ___   _____ ,

___   _____ .

___   _____   ___   _____ ,

___   _____ .

___   _____   ___   _____ ,

___   _____ .

¿Qué color es? (What colour is it?)

Colorea las cosas usando el color adecuado:
(Colour the things in the correct colour:)

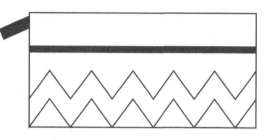

un estuche verde

azul	blue
rojo	red
verde	green
amarillo ...	yellow
lila	lilac
gris	grey
negro	black

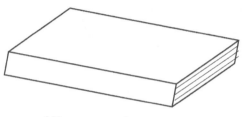

un libro rojo

un bolígrafo negro

una goma lila

un lápiz gris

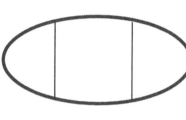

una regla azul

In Spanish the colours go after objects.

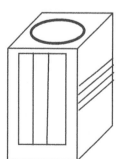

un sacapuntas amarillo

28

Busca estas palabras
(Find these words:)

LÁPIZ

GOMA

REGLA

LIBRO

CUADERNO

BOLÍGRAFO

SACAPUNTAS

AZUL

ROJO

VERDE

Las bebidas

una limonada

un zumo de naranja

un agua mineral

una coca-cola

una coca-cola light

un té

un café

30

¿Qué bebida es? (What drink is it?)

Escribe las bebidas en español: (Write the drinks in Spanish:)

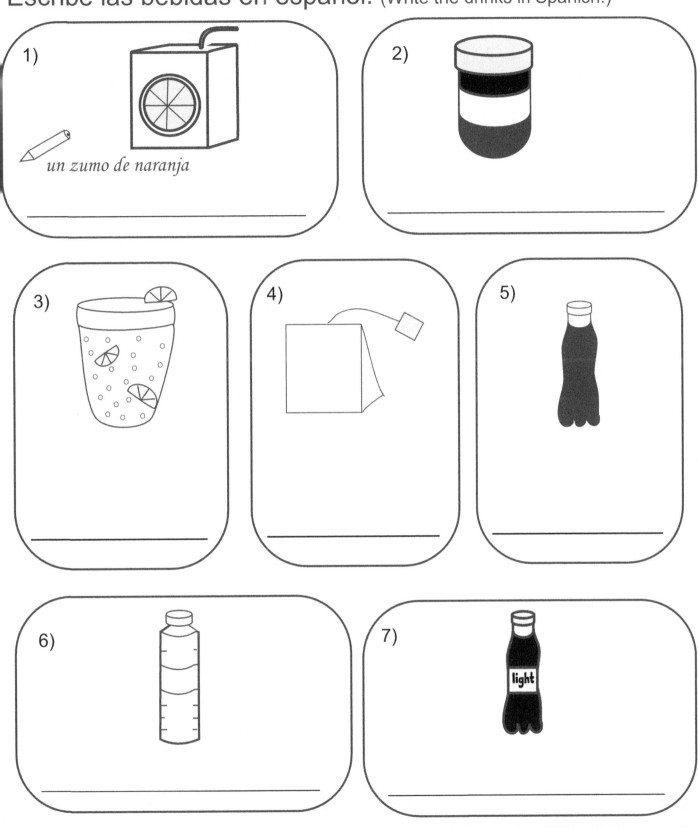

1) *un zumo de naranja*

_____

2) _____

3) _____

4) _____

5) _____

6) _____

7) _____

una limonada   una coca-cola   una coca-cola light   un agua mineral
un café   un té   un zumo de naranja

31

¿Qué quieres beber? (What do you want to drink?)

Me gustaría …….., por favor   I would like ……, please

Pregunta por estas cosas: (Ask for these things.)

Me gustaría un café, por favor

1) _____ .

2) _____ .

3) _____ .

4) _____ .

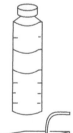

5) _____ .

6) _____ .

| un té - a tea | un agua mineral - water | una limonada - lemonade |
| un café   - a coffee | un zumo de naranja - orange juice | una coca-cola - coke |

¿Cuántas bebidas hay?

(How many drinks are there?)

1 - uno	6 - seis
2 - dos	7 - siete
3 - tres	8 - ocho
4 - cuatro	9 - nueve
5 - cinco	10 - diez

 siete

_____ coca-colas   _____ aguas

_____ limonadas   _____ tés

_____ zumos   _____ cafés

Notice how words that end in **o** or **a** add an **s** in the plural (when there is more than one.)

▆▆▆ Mi bebida preferida (My favourite drink) ▆▆▆

1) Completa la frase con tu bebida preferida:
(Complete the sentence with your favourite drink:)

Mi bebida preferida es _____.

E.g Mi bebida preferida es la coca-cola = My favourite drink is coke

2) Sigue las líneas para ver qué bebida prefieren los niños:
(Follow the lines to see which drink the children prefer:)

Escribe las frases en español: (Write the sentences in Spanish:)

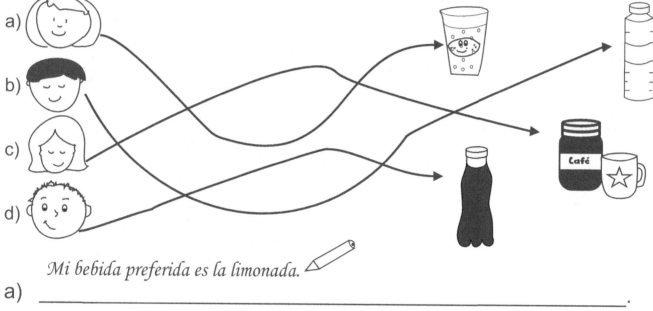

a) *Mi bebida preferida es la limonada.*

a) _____.

b) _____.

c) _____.

d) _____.

la limonada   la coca-cola   el agua   el café

Las bebidas (drinks)

```
B E B I D A S H E M B U I
E S W F D F B M J K Y M S
S T C O C A C O L A I E C
Z H U L B V T R X W Q G X
D P O R F A V O R Y T U Z
C W A É N B V C X S W S E
E W F Q A K L É U I P T W
S A Y U O P T D W A Z A F
C H U J K L C T H T U R G
F C L I M O N A D A Y í T
J Z E K L U B Y T F C A Y
A G U A M I N E R A L J I
U Y L P B N K T F D E X Z
Z U M O D E N A R A N J A
```

Busca estas palabras: (Find these words:)

TÉ   LIMONADA   ZUMO DE NARANJA
CAFÉ   COCA-COLA   ME GUSTARÍA
BEBIDAS   AGUA MINERAL   POR FAVOR

35

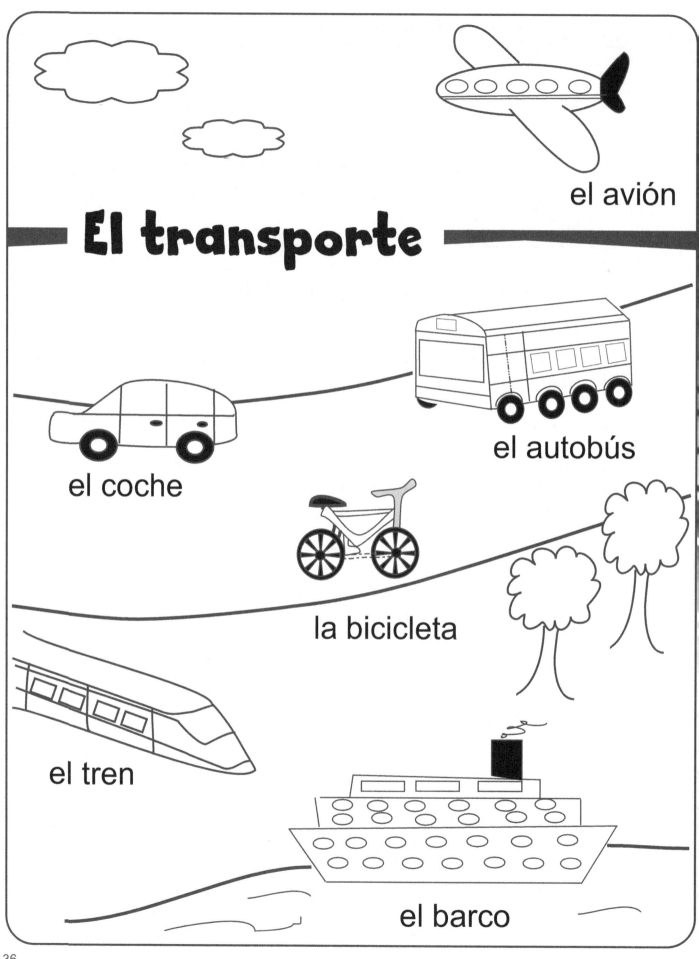

el avión

El transporte

el coche

el autobús

la bicicleta

el tren

el barco

El transporte (transport)

Escribe las palabras en español: (Write the words in Spanish:)

1)

el autobús

_____

2)

_____

3)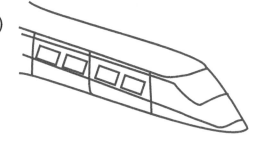

_____

4)

_____

5)

_____

6)

_____

el coche - the car	el tren - the train	el barco - the boat
el avión - the plane	el autobús - the bus	la bicicleta - the bike

¿Qué es? (What is it?)

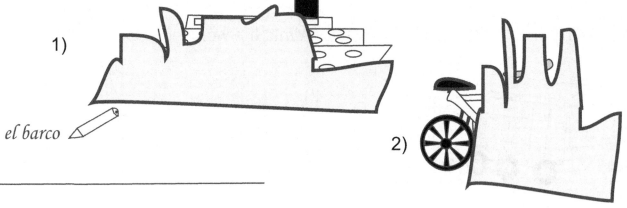

1) *el barco*

2)

3)

4)

5)

6)

el coche - the car   el tren - the train   el barco - the boat

el avión - the plane   el autobús - the bus   la bicicleta - the bike

¿Cómo viajas? (How are you travelling?)

Viajo en tren - I'm travelling by train	Viajo en coche - I'm travelling by car
Viajo en barco - I'm travelling by boat	Viajo en autobús - I'm travelling by bus
Viajo en avión - I'm travelling by plane	Viajo en bicicleta - I'm travelling by bike

Sigue las líneas y escribe las frases en español:
(Follow the lines and write the sentences in Spanish:)

1) 2) 3) 4) 5)

Viajo en coche.

1) _____ .

2) _____ .

3) _____ .

4) _____ .

5) _____ .

El transporte

V	K	B	I	C	I	C	L	E	T	A	K	M	B	T
I	B	C	V	T	H	G	F	H	K	L	B	V	P	C
A	E	D	K	N	L	K	G	F	D	C	V	B	R	X
J	I	K	Ó	H	A	U	T	O	B	Ú	S	G	E	F
O	W	I	L	O	J	H	G	F	B	N	V	C	F	X
W	V	Q	S	A	G	H	J	O	K	U	L	M	I	B
A	W	T	G	H	F	D	C	C	X	E	D	T	E	S
C	J	R	G	F	F	R	D	V	H	C	X	E	R	W
Q	J	E	H	B	A	H	K	C	J	G	F	G	O	N
W	J	N	G	B	F	V	O	C	B	N	M	J	P	Y
D	N	M	V	C	L	C	Y	U	G	F	D	G	T	F
T	R	A	N	S	P	O	R	T	E	X	F	N	M	T

Busca estas palabras: (Find these words:)

TREN BARCO VIAJO

COCHE BICICLETA TRANSPORTE

AVIÓN AUTOBÚS

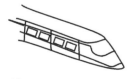   

Spanish		English	
	abril		April
	agosto		August
un	agua mineral	a	mineral water
	amarillo		yellow
	años		years
el	autobús	the	bus
el	avión	the	plane
	azul		blue
el	barco	the	boat
las	bebidas	the	drinks
la	bicicleta	the	bike
un	bolígrafo	a	pen
un	café	a	coffee
	catorce		fourteen
	cinco		five
la	coca-cola	the	coke
una	coca-cola	a	coca-cola
una	coca-cola light	a	diet coke
el	coche	the	car
un	cuaderno	an	excerise book
	cuatro		four
mi	cumpleaños	my	birthday
	diciembre		December
	diecinueve		nineteen
	dieciocho		eighteen
	dieciséis		sixteen
	diecisiete		seventeen
	diez		ten
	doce		twelve
	dos		two
	enero		January
un	estuche	a	pencil case
	febrero		February
una	fresa	a	strawberry
la	fruta	the	fruit
los	globos	the	balloons
una	goma	a	rubber
	gris		grey
	hasta luego		see you!
	hola		hello
	julio		July
	junio		June
un	lápiz	a	pencil
un	libro	a	book

Spanish		English	
	lila		lilac
un	limón	a	lemon
una	limonada	a	lemonade
una	manzana	an	apple
	marzo		March
	mayo		May
	Me gustaría		I would like
	me llamo		my name is
un	melón	a	melon
	mes		month
una	naranja	an	orange
	negro		black
	no tengo		I don't have
	noviembre		November
	nueve		nine
	ocho		eight
	octubre		October
	once		eleven
una	pera	a	pear
la	pizza	the	pizza
un	plátano	a	banana
	por favor		please
	quince		fifteen
los	regalos	the	presents
una	regla	a	ruler
	rojo		red
un	sacapuntas	a	sharpener
	seis		six
	septiembre		September
	siete		seven
las	tarjetas	the	cards
la	tarta	the	cake
un	té	a	tea
	tengo		I have
el	transporte	the	transport
	trece		thirteen
el	tren	the	train
	tres		three
	uno		one
	veinte		twenty
	verde		green
	viajo		I'm travelling
un	zumo de naranja	an	orange juice

Answers

Page 2

1) un plátano   2) un limón   3) una fresa   4) una pera
5) un melón   6) una manzana   7) una naranja

Page 3

The following number of fruit should be drawn:

a) 3 apples   b) 5 oranges
c) 4 bananas   d) 8 strawberries
e) 2 melons   f) 6 lemons

Page 4

a) Seis peras, por favor.
b) Diez fresas, por favor.
c) Cuatro naranjas, por favor.
d) Cinco manzanas, por favor.
e) Siete plátanos, por favor.
f) Dos limones, por favor.
g) Tres melones, por favor.

Page 9

a) Tengo nueve años.
b) Tengo diez años.
c) Tengo ocho años.
d) Tengo siete años.

Page 10

a) Tengo siete años.
b) Tengo nueve años.
c) Tengo diez años.
d) Tengo ocho años.
e) Tengo once años.
f) Tengo doce años.

Page 6

Page 11

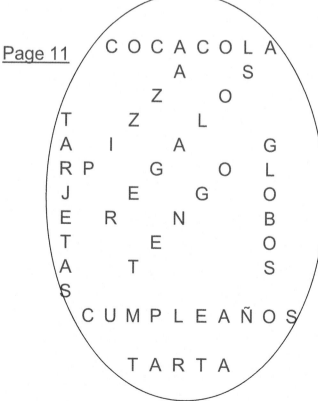

Page 13

1) marzo   2) julio   3) noviembre   4) abril   5) febrero   6) junio   7) enero

Page 14

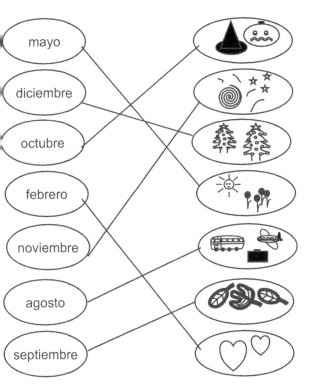

Page 15

1) Pedro   2) Ana   3) Eva
4) Eva   5) Ana   6) Pedro

Page 16

S	E	P	T	I	E	M	B	R	E			F		
												E		N
M		D	I	C	I	E	M	B	R	E		B		O
A				O					O			R		V
Y			R				Z					E		I
O		E			L		R		J			R		E
	N			I		A			U			O		M
E			R		M				N					B
		B							I				O	R
	A								O			I		E
			A	G	O	S	T	O			L			
										U				
O	C	T	U	B	R	E			J					

Page 18

a) catorce   b) once   c) trece   d) quince   e) doce

Page 20

a) once   b) trece   c) dieciocho   d) veinte   e) doce   f) diecisiete

Page 21

The t-shirts should be coloured as follows:

11 = yellow   20 = blue   14 = red   16 = yellow   12 = green   18 = red
15 = blue   17 = green

Page 22

a) ocho   b) catorce   c) once   d) doce   e) dieciocho   f) trece   g) diecinueve
h) dieciséis   i) quince   j) veinte

Page 23

Page 26

1) verdad
2) verdad
3) verdad
4) mentira
5) mentira
6) verdad

Page 27

1) Me gustaría un lápiz, por favor.
2) Me gustaría una goma, por favor.
3) Me gustaría un bolígrafo, por favor.
4) Me gustaría una regla, por favor.

Page 28

The things should be coloured as follows:

a green pencil case	a red book	a black pen	a lilac rubber
a grey pencil	a blue ruler	a yellow pencil sharpener	

Page 29

```
B   L  I  B R O
O           A
    M       S
    O       A
  G       A C
      L     A
  G       P
E           U
R     C     N
    O U A   T
  J   A     A
  O   D     S
R     L E
  U   E R   V
  Z   N     E
A     N     R
      O     D
L Á P I Z   E
```

Page 31

1) un zumo de naranja   2) un café   3) una limonada
4) un té   5) una coca-cola   6) un agua mineral
7) una coca-cola light

Page 32

1) Me gustaría un café, por favor.
2) Me gustaría una limonada, por favor.
3) Me gustaría una coca-cola, por favor.
4) Me gustaría un té, por favor.
5) Me gustaría un agua mineral, por favor.
6) Me gustaría un zumo de naranja, por favor.

Page 33

siete coca-colas	seis aguas
cinco limonadas	dos tés
cuatro zumos	tres cafés

Page 34

a) Mi bebida preferida es la limonada.
b) Mi bebida preferida es el agua.
c) Mi bebida preferida es el café.
d) Mi bebida preferida es la coca-cola.

Page 37

1) el autobús
2) el avión
3) el barco
4) el tren
5) la bicicleta
6) el coche

Page 38

1) el barco   2) la bicicleta   3) el coche   4) el tren   5) el autobús   6) el avión

Page 39

1) Viajo en coche.
2) Viajo en autobús.
3) Viajo en avión.
4) Viajo en barco.
5) Viajo en tren.

Page 35

```
B E B I D A S
                          M
        C O C A C O L A   E
                          G
      P O R F A V O R     U
          É               S
      F           É       T
    A           T         A
  C                       R
        L I M O N A D A   í
                          A
  A G U A M I N E R A L

  Z U M O D E N A R A N J A
```

Page 40

```
V   B I C I C L E T A         
I                         P   
A       N                 R   
J     Ó A U T O B Ú S     E   
O   I                     F   
  V             O         I   
A   T         C     E     E   
    R       R     H       R   
    E     A     C         O   
    N   B     O               
            C                 
T R A N S P O R T E           
```

For children aged 7 - 11 there are the following books by Joanne Leyland:

Italian
Cool Kids Speak Italian (books 1, 2 & 3)
On Holiday In Italy Cool Kids Speak Italian
Photocopiable Games For Teaching Italian
Stories: Un Alieno Sulla Terra,   La Scimmia Che Cambia Colore,   Hai Un Animale Domestico?

French
Cool Kids Speak French (books 1 & 2)
Cool Kids Speak French - Special Christmas Edition
On Holiday In France Cool Kids Speak French
Photocopiable Games For Teaching French
Cool Kids Do Maths In French
Stories: Un Alien Sur La Terre,   Le Singe Qui Change De Couleur,   Tu As Un Animal?

Spanish
Cool Kids Speak Spanish (books 1, 2 & 3)
Cool Kids Speak Spanish - Special Christmas Edition
On Holiday In Spain Cool Kids Speak Spanish
Photocopiable Games For Teaching Spanish
Cool Kids Do Maths In Spanish
Stories: Un Extraterrestre En La Tierra, El Mono Que Cambia De Color, Seis Mascotas Maravillosas

German
Cool Kids Speak German (books 1, 2 & 3)

English as a foreign language
Cool Kids Speak English (books 1 & 2)

For children aged 5 - 7 there are the following books by Joanne Leyland:

French
Young Cool Kids Learn French
Sophie And The French Magician
Daniel And The French Robot (books 1, 2 & 3)
Daniel And The French Robot Teacher's Resource Book
Jack And The French Languasaurus (books 1, 2 & 3)

German
Young Cool Kids Learn German

Spanish
Young Cool Kids Learn Spanish
Sophie And The Spanish Magician
Daniel And The Spanish Robot (books 1, 2 & 3)
Daniel And The Spanish Robot Teacher's Resource Book
Jack And The Spanish Languasaurus (books 1, 2 & 3)

For more information on the books available, and different ways of learning a foreign language go to https://**foreignlanguagesforchildren.com**

Made in the USA
Middletown, DE
10 December 2020